Eifers bekämpfen

WIE DU BLITZSCHNELL DEINE VERLUSTANGST ÜBERWINDEN UND VERTRAUEN LERNEN KANNST

Die 7 besten Strategien gegen Eifersucht und Verlustängste in einem Ratgeber!

Johanna Rose

ISBN: 9781793362629

Imprint: Independently published

Eifersucht bekämpfen –

ein Ratgeber

Wir alle kennen solche Situationen: Der Partner ist mit Kollegen abends allein beim Feiern, die beste Freundin hat jemand neuen kennengelernt, mit dem sie sich hervorragend versteht, das eigene Kind scheint seine Zeit lieber mit dem Ex-Partner als mit der eigenen Person zu verbringen.

Gemeinsam ist allen diesen Situationen ein Gefühl, das wahrscheinlich so alt wie die Menschheit selbst ist: Eifersucht. Vor allem Liebesbeziehungen kommen kaum ohne sie aus. Dabei gibt es durchaus Menschen, die der Eifersucht positive Eigenschaften zuschreiben. Schließlich, so das Argument, zeigt sie, dass uns der oder die andere wichtig ist, und kann auf diese Art sogar Beziehungen beleben. Und was wäre eine Partnerschaft ohne hin und wieder ein bisschen Eifersucht?

Meistens jedoch nehmen wir Eifersucht unangenehm war,

vor allem, wenn sie in starker Form auftritt. Manchmal wird sie sogar zu einer krankhaften Reaktion, die Liebesziehungen oder Freundschaften komplett zerstört.

Gerade dann, aber auch in weniger schwierigen Fällen, stellt sich die Frage, wie man mit Eifersucht am besten umgeht. Ein Patentrezept dafür gibt es nicht, so viel sei schon gesagt. Doch glücklicherweise existiert eine Reihe von Strategien, mit denen Du – allein oder gemeinsam mit Deinem Partner - Eifersucht effektiv bekämpfen kannst, sodass sie nicht zur Qual wird und vor allem nicht die Beziehungen zerstört, die Dir am wichtigsten sind.

In den folgenden Kapiteln gehe ich näher auf diese Strategien ein, ebenso wie auf die Ursachen und die Entstehung von Eifersucht. Außerdem beschäftigen wir uns mit den vielen Arten, auf die sich Eifersucht äußern kann.

Eifersucht – wie äußert sie sich?

Es gibt einige Dinge, die Eifersucht in allen Ausprägungen gemeinsam hat. Das ist vor allem das zugrundeliegende Gefühl, die Zuneigung einer bestimmten Person ganz oder teilweise an jemand anderen zu verlieren.

Allerdings tritt Eifersucht im realen Leben in vielen verschiedenen Formen auf, nicht nur unter Beziehungspartnern, sondern auch unter Freunden oder in der Familie. Und manchmal sind sogar Kollegen aufeinander eifersüchtig. Auch die Symptome von Eifersucht und ihre Ausprägungen sind vielseitig. Während der eine nur hin und wieder einen leichten Stich verspürt, wenn sein Partner lange mit anderen Menschen unterwegs ist, leidet der andere ständig unter krankhafter Angst, der andere würde ihn verlassen.

Hier erhältst Du einen Überblick über verschiedene Formen von Eifersucht und die Art, auf die sie sich äußeren.

Formen von Eifersucht

Eifersucht unter Partnern

Anna muss zu Hause bleiben und für Ihre Seminararbeit lernen, während Jonas, ihr Freund, mit seinen Kumpels zwei Wochen nach Ibiza fährt. Zwei Wochen lang Sonne, Strand und Party...und zwei Wochen überall leichtbekleidete attraktive Frauen. Und Jonas' Freunde sind alle Singles, die sich schon auf romantische Begegnungen mit dem anderen Geschlecht freuen.

Was, wenn er die Gelegenheit nutzen will, um endlich einmal wieder mit einer anderen Frau zu schlafen? Was, wenn ihn seine Freunde zu einem erotischen Abenteuer überreden? Heißt es nicht „Was im Urlaub passiert, bleibt im Urlaub?" Solche und ähnliche Gedanken schießen Anna ständig durch den Kopf, sodass sie sich auf nichts mehr konzentrieren kann.

Eine typische Situation, die viele Männer und Frauen so oder so ähnlich bereits durchlitten haben. Schließlich entsteht Eifersucht in einem Großteil der Fälle innerhalb einer Beziehung. Dahinter steht vor allem die Angst, der oder die andere könnte fremdgehen beziehungsweise sich in eine andere Person verlieben.

Typische Anlässe dafür sind:

- Der Partner geht alleine beziehungsweise mit Freunden feiern oder auf Veranstaltungen, auf denen gerne geflirtet wird.

- Er fährt – wie Jonas – ohne den anderen in den Urlaub.

- Er lernt eine Person des anderen Geschlechts kennen, die er spürbar sympathisch findet.

- Eine Person des anderen Geschlechts fühlt sich spürbar

zu ihm hingezogen.

Diese Auflistung ließe sich noch lange fortführen. Ob Urlaub oder lange Arbeitstage, Feiern oder Fortbildungen, Situationen, die Anlass zur Eifersucht geben, gib es viele. Je nach dem eigenen Hang zur Eifersucht reicht manchmal schon ein etwas zu langes Gespräch mit einer Person des anderen Geschlechts auf einer Party oder ein Lächeln in die falsche Richtung. Häufige Telefongespräche mit unbekannten Personen, auffällige SMS, späte Heimkehr nach der Arbeit...wer oft eifersüchtig ist, findet viele Gründe dafür. Berechtigt sind sie in den meisten Fällen nicht. Psychologen zufolge ist Eifersucht in Beziehungen nur in etwa einem Viertel der Fälle begründet.

Doch nicht immer ist man eifersüchtig auf Individuen des gleichen Geschlechts, die dem Partner nahekommen. Auch die folgenden Konstellationen rufen häufig Eifersucht hervor:

Eifersucht unter Freunden

Irina und ihre beste Freundin Rebecca unternehmen fast alles gemeinsam. Ob sommerliche Radtouren, Urlaube oder Wochenendpartys, die beiden sind unzertrennlich. Bis Rebecca im ersten Semester Hanna trifft und sich beide sofort blind verstehen. Von da an ist Irina außen vor. So fühlt es sich zu-

mindest an, wenn sie erfährt, dass Rebecca und Hanna ohne sie spontan nach Prag gefahren sind. Vielleicht liegt es daran, dass Hanna mit allem, was sie macht, so erfolgreich ist. Und bei den Männern kommt sie auch gut an. Irina dagegen hat oft Mühe, ihre Ziele zu erreichen.

Ein typischer Fall, der zu Eifersucht im Freundeskreis führen kann und auch unter Männern denkbar ist. Vor allem unter besten Freunden bzw. Freundinnen kommt es schnell so weit, dass die Freundschaft zu einer Art Ersatzbeziehung wird. Damit sind Eifersucht Tür und Tor geöffnet. Dann wird jede andere Person, die zu dem Freund oder der Freundin eine Beziehung aufbaut, zu einem Eindringling und einer potenziellen Bedrohung. Das Paradebeispiel dafür ist der neue Partner oder die neue Partnerin des anderen.

Allerdings kann es auch passieren, dass wir auf den anderen oder die andere eifersüchtig sind, zum Beispiel weil er oder sie

- beim anderen Geschlecht besser ankommt

- erfolgreicher in der Schule, im Studium oder in der Arbeit ist.

- leichter Kontakte mit anderen Menschen knüpfen kann

- besondere Fähigkeiten besitzt, um die Du ihn oder sie beneidest (zum Beispiel die Fähigkeit, ein Instrument zu spielen)

Vielleicht kennst Du es aus eigener Erfahrung: Gerade unter besten Freunden oder Freundinnen ist Eifersucht weit verbreitet. Dabei verhält es sich wie in einer Beziehung auch: Tritt das Gefühl nur manchmal und in einem kleinen Ramen auf, muss das noch kein Grund zur Sorge sein. Doch gerade in sehr engen Freundschaften nimmt Eifersucht gerne starke Ausmaße an.

Eifersucht auf den Expartner

Frank und Susanne sind nun schon seit über einem Jahr zusammen. Trotzdem besucht Susanne regelmäßig ihren Exmann. Meistens hat es etwas mit dem Kind zu tun, das beide miteinander haben. Das ist natürlich eine Verpflichtung, das ist Frank klar. Aber muss es wirklich so häufig sein? Und warum telefonieren die beiden auch noch so oft miteinander? Ist das tatsächlich nur deshalb, weil sie sich noch so gut verstehen? Oder sind da noch Gefühle füreinander, die sich Susanne nicht eingestehen will?

In den meisten Fällen, in denen man eine neue Beziehung anfängt, hat der Partner eine/n Expartner/in, mit der oder dem er vorher viele intensive und intime Erlebnisse gemacht hat. Der Gedanke daran kann verunsichern. Gerade Menschen, die zur Eifersucht neigen, messen sich häufig an der oder dem Ex ihres Partners.

Gibt es aus der vorherigen Beziehung gemeinsame Kinder, existieren oft noch mehr mögliche Anlässe zu Eifersucht. Denn dann lässt es sich kaum vermeiden, dass der eigene Partner und seine/ihr Ex sich immer wieder treffen. Situationen, die wie gemacht sind für die Angst, dass da vielleicht doch noch Gefühle sind. Und schließlich kennt man sich schon. Da kann es ja schnell passieren, dass man in Folge einer plötzlichen Gefühlswallung miteinander im Bett landet, oder?

Mindestens genauso oft ist natürlich die/der Expartner eifersüchtig auf seinen/ihre Nachfolger/in, vor allem wenn es der andere war, der die gemeinsame Beziehung beendet hat. Dann ist die Eifersucht eine besonders schwere Bürde, so lange man selbst keinen neuen Partner hat. An dieser Bürde leiden beide Seiten und obendrein gemeinsame Kinder.

Eifersucht auf Kollegen

15 Jahre ist Tom jetzt schon im Unternehmen und hat fleißig Fortbildungen absolviert. Trotzdem bekommt nicht er den Posten als Projektleiter, der ihn so interessiert hätte, sondern dieser Neuling, der so aussieht, als käme er frisch von der Universität. Höchstens 25 ist der. Da müssen doch Beziehungen im Spiel gewesen sein.

Ob Beförderungen, Gehaltserhöhungen oder verantwortungsvolle Aufgaben, im Job gibt es viele Dinge, auf die man neidisch sein kann. Auch in diesem Zusammenhang existieren typische Auslöser wie im oben angeführten Fall. Eifersucht folgt auch dann, wenn man sich gemeinsam mit einem Kollegen auf eine Stelle beworben hat und der oder die andere das Rennen gemacht hat.

Manchmal ist es auch die Anerkennung des Chefs oder das Lob der Kollegen, auf das man neidisch ist. Oder einfach darauf, dass dem anderen alles zu glücken scheint, was er anfängt, während man selbst sich um jeden Schritt vorwärts abmühen muss.

Mit Verantwortung für Eifersucht beziehungsweise Neid unter Kollegen tragen oftmals Führungspersonen. Denn die Art, wie sie mit ihren Mitarbeitern umgehen, kann entscheidenden Einfluss darauf haben, ob diese sich als Konkurrenten wahrnehmen oder ein Team bilden.

Eifersucht unter Geschwistern

Eigentlich ist Hans der ältere. Doch sein jüngerer Bruder Arnim ist schon jetzt doppelt so erfolgreich wie er im Job, hat eine schöne Frau und einen großen Freundeskreis. Und er selbst bekommt immer noch keine Beförderung, die es ihm möglich machen würde, aus seiner Einzimmerwohnung auszuziehen. Das mit den Frauen will auch nicht klappen. Kein Wunder, dass seine Eltern ganz begeistert Arnims Geschichten von seinen Erfolgen lauschen und Hans lieber nicht fragen, wie es denn bei ihm so läuft.

Unter Geschwistern lässt sich Eifersucht kaum vermeiden. Vor allem, wenn der kleine Bruder oder die kleine Schwester zur Welt kommt und sich alle Aufmerksamkeit plötzlich nur noch um das kleine Geschöpf mit Windeln dreht, reagieren Kinder in den meisten Fällen sensibel. Das gilt besonders für Zwei- bis Vierjährige. Schließlich müssen diese jetzt plötzlich damit klarkommen, dass sie nicht mehr, wie bisher, im Mittelpunkt stehen. Gleichzeitig taugt das Neugeborene noch nicht als Spielkamerad, sondern wird stellenweise vor allem als schreiendes Etwas wahrgenommen, das dafür sorgt, dass Mama und Papa keine Zeit mehr für die eigenen Bedürfnisse haben.

Diese Gefühle sind ganz normal, beruhigen Psychologen. Und

auch, dass es im späteren Verlauf der Geschwisterbeziehung immer wieder zu Fällen von Eifersucht kommt, ist nicht weiter außergewöhnlich. Schließlich vergleicht man sich notgedrungenermaßen regelmäßig miteinander und bemüht sich um dieselben Dinge.

Schwieriger wird es bei heftigen Gefühlen von Eifersucht unter erwachsenen Geschwistern, zum Beispiel weil der oder die andere:

- beliebter zu sein scheint

- erfolgreicher im Beruf ist

- mehr Geld verdient

- mehr Glück beim anderen Geschlecht hat

Dann kann die enge Geschwisterbeziehung sogar zur Qual werden. Schließlich gibt es kaum eine Möglichkeit, dem oder der anderen dauerhaft aus dem Weg zu gehen. In extremen Fällen schlägt Geschwisterliebe sogar in Hass um.

Symptome von Eifersucht

Wie sich Eifersucht äußert, hängt nicht zuletzt von demjeni-
gen ab, den sie befallen hat. Allerdings gibt es einige Symptome, die typisch sind und besonders häufig auftreten – auf
psychischer und körperlicher Ebene. Sie treten nicht isoliert
auf, sondern als Mischung.

Symptome im Denken

Je mehr Gedanken sich Anna um Jonas macht, desto stärker wird ihre Eifersucht und desto realistischer erscheinen ihr die Szenarien, die sie sich ausmalt. War es am Anfang „nur" die Angst, Jonas könnte sich zu einem Flirt hinreißen lassen, ist sie sich jetzt schon fast sicher, dass er auf Ibiza die Frau seines Lebens kennen lässt und sie von heute auf morgen verlässt. Warum auch nicht? Schließlich ist er ein attraktiver Mann und Anna selbst fühlt sich momentan hässlich und uninteressant. Wahrscheinlich ist das auch der Grund, warum er sich gestern so spät und nur so kurz gemeldet hat…

Wie so vieles spielt sich Eifersucht zunächst in unserem Kopf ab, bevor sie sich nach außen hin bemerkbar macht.

Dabei nimmt sie verschiedene Formen an:

- **Verlustangst**: Psychologen deuten Eifersucht gerne als eine Kombination aus einem Angstgefühl und Rivalität. Zentral dabei sind Verlustängste. In einer Beziehung ist es in der Regel die Angst, den oder die andere/n zu verlieren beziehungsweise von ihr oder ihm verlassen zu werden. Sind zwei Partner in einer Ehe finanziell voneinander abhängig und haben große Investitionen getätigt, z.B. bei einem Hauskauf, wird diese Angst zu einer **Existenzangst**.

- **Minderwertigkeitsgefühle**: Eifersucht trifft besonders häufig Menschen, die ein gestörtes Selbstwertgefühl haben. Das muss keinen realen, von außen erkennbaren Grund haben. So gibt es sehr attraktive und erfolgreiche Frauen und Männer, die krankhaft eifersüchtig auf ihre Partner sind. In Phasen, in denen Eifersucht auftritt, äußern sich Minderwertigkeitsgefühle meist besonders stark. Dann geht es vielen so wie Anna, die plötzlich das Gefühl hat, dass sie nicht attraktiv genug für Jonas ist. Die Ursachen für solche Denkweisen liegen oftmals weit zurück in der Kindheit.

- **Grübeln**: Wer unter starker Eifersucht leidet, gerät dabei in endloses Grübeln, das sich um Fragen dreht wie: Welche Anzeichen deuten darauf hin, dass der oder die andere mich betrügt oder kein Interesse an mir hat? Was könnte genau jetzt in diesem Zeitpunkt passieren, auf das ich keinen Einfluss habe? Was wäre, wenn er oder sie mich jetzt wirklich verlässt? Das Fatale daran: Je mehr Du grübelst, desto schwerer fällt es Dir, aus der Gedankenspirale wieder herauszukommen. Am Ende stehen regelrechte Katastrophenszenarien, die Außenstehenden an den Haaren herbeigezogen scheinen. Für Dich selbst fühlen sie sich aber wie die bittere Realität an.

- **Wut**: Spätestens dann, wenn die Gewissheit immer stärker wird, dass man gerade oder in naher Zukunft betrogen wird, schlägt Angst oft in Wut um. Bei Eifersucht bezieht sich die Wut in der Regel auf die Person, die bei einem selbst Verlustängste auslöst, also den Partner oder den beziehungsweise die Freund/in. Manchmal handelt es sich auch um eine diffuse Wut auf alles und jeden. Gibt es eine konkrete Person, an die man die Zuneigung eines anderen Menschen verloren hat – oder glaubt, sie zu verlieren -, wird diese zur Zielscheibe. Dabei ist es keineswegs selten, dass diese Wut zumindest teilweise in Hass umschlägt.

Symptome im Handeln

Am Anfang ist es nur der Wunsch, Jonas' Stimme zu hören. Bald aber verspürt Anna den Drang, ihn auszuhorchen, wenn sie ihn am Telefon hat, und auf versteckte Hinweise zu lauschen, dass er schon jemand „neuen" kennengelernt hat. Schließlich beginnt sie, ihm offen Vorwürfe zu machen und ihn zu beschuldigen, dass er sie belügt. Am Schlimmsten ist es, als Jonas nach Hause kommt. Dort trifft er auf seine wutentbrannte Freundin, die ihn stundenlang anschreit und ihm Vorwürfe macht.

Klingt nach etwas, das Du von Dir oder Menschen aus Deiner Umgebung kennst? Dann geht es Dir so wie den meisten. Denn Eifersucht äußert sich nicht nur im Stillen beziehungsweise im Kopf des Betroffenen. Wenn Sie ein bestimmtes

Maß überschreitet, wird sie in Handlungen umgesetzt und die bedrohen paradoxerweise genau das, was man Angst hat, zu verlieren – in dem oben genannten Beispiel die eigene Beziehung.

Typische Handlungen von Eifersüchtigen sind die folgenden:

- **Vorwürfe:** Wer eifersüchtig ist, wirft dem anderen oft vor, dass er daran Schuld ist – zum Beispiel, weil er ohne seinen Partner in den Urlaub fährt oder abends weggeht. Weil er oder sie sich so offen mit Angehörigen des anderen Geschlechts unterhält oder sich aufreizend anzieht. Je stärker die Eifersucht, desto überzogener fallen die Vorwürfe aus.

- **Hinterherspionieren:** Das Einzige, was Hilfe gegen quälende Eifersucht verspricht, ist die Gewissheit, dass man den anderen nicht verliert. Um sich diese Gewissheit zu verschaffen, gehen eifersüchtige Menschen nicht selten so weit, den E-Mail-Account des anderen zu knacken beziehungsweise sich heimlich Zutritt auf sein Handy zu verschaffen und seine Nachrichten zu lesen. Dabei machen sie unweigerlich die Erfahrung, dass es hundertprozentige Gewissheit nicht gibt – was wiederum den Drang verstärkt, sie sich trotzdem irgendwie zu verschaffen.

- **Kontrolle**: Vor allem Männer gehen manchmal dazu über, ihre Partnerin regelrecht einzusperren, damit sie gar nicht erst in Versuchung kommt, fremdzugehen. Es gibt aber auch Frauen, die es ihrem Mann verbieten, ohne sie irgendwohin zu gehen, wo er eine andere treffen könnte. Wenn der oder die andere sich bei der Arbeit aufhält, sind Kontrollanrufe nicht selten. Schließlich könnten die Überstunden nur ein vorgeschobenes Alibi für ein Treffen mit einer Affäre sein – Szenerien, wie man sie in vielen Filmen bereits gesehen hat und die einem im eigenen Leben auf einmal wahrscheinlich vorkommen.

- **Eifersuchtsszenen**: So wie Jonas werden viele Menschen in einer Beziehung mit einem eifersüchtigen Menschen immer wieder mit Eifersuchtsszenen konfrontiert. Diese können dramatische Ausmaße annehmen. Im minderschweren Fall gehen Teller zu Bruch, in schwereren Fällen kommt es zu Handgreiflichkeiten. Manche Menschen drohen dem anderen, um ihn besser kontrollieren zu können. Sie stellen in Aussicht, die gemeinsamen Freunde oder Chef und Kollegen über den zweifelhaften Charakter des Fremdgehers aufzuklären. Auch Drohungen, dass man durch das Verhalten des angeblich untreuen Partner Schaden nimmt, bis hin zu Selbstmorddrohungen kommen zuweilen vor.

Körperliche Symptome

Während sich milde Eifersucht auf der körperlichen Ebene oft nur durch ein flaues Gefühl im Magen und Nervosität bemerkbar macht, können stärkere Fälle Symptome wie die folgenden hervorrufen:

- Schweißausbrüche
- Zittern
- Herzrasen
- Übelkeit
- Appetitlosigkeit
- Schlafstörungen
- Verspannungen

Diese Symptome treten in der Regel in Kombinationen auf und werden auch selten isoliert wahrgenommen. Manchmal ist Betroffenen auch gar nicht klar, dass ihre Eifersucht die Ursache dafür ist.

Drei Formen von Eifersucht

Eine Beziehung ohne Eifersucht gibt es wahrscheinlich nicht – und vielleicht sollte es sie auch gar nicht geben. Denn wie bereits anfangs angesprochen, ist Eifersucht auch ein Zeichen dafür, dass uns der andere wichtig ist. Bleibt dieses Zeichen aus, fühlen sich manche Menschen vernachlässigt. Je stärker und häufiger Eifersuchtsattacken ausfallen, desto mehr werden sie allerdings zur Belastung für den Betroffenen und seinen Umkreis.

Allgemein unterscheidet man je nach Härtegrad drei Ausprägungen von Eifersucht:

1. **Milde, normale Eifersucht**: Diese Form der Eifersucht kennen die meisten von uns. Sie geht nur mit schwach ausgeprägten Symptomen einher und tritt in der Regel mit einem klar erkennbaren äußeren Anlass auf – zum Beispiel dann, wenn sich die eigene Freundin angeregt mit einem anderen Mann unterhält. Eine milde Eifersucht meinen Menschen, wenn sie von den „positiven" Seiten des Gefühls sprechen.

2. **Mittlere Eifersucht**: Die mittlere Eifersucht tritt

häufig bei Menschen mit starken Selbstzweifeln auf. Dann reichen schon kleine Verdachtsmomente, die von anderen kaum wahrgenommen werden, als Angstauslöser, zum Beispiel, wenn der eigene Partner häufig mit einer Kollegin aus dem Büro telefoniert.

3. **Starke, krankhafte Eifersucht**: Wer von ihr geplagt wird, tut gut daran, professionelle Hilfe zu holen. Denn hier hat das Gefühl, betrogen beziehungsweise verlassen zu werden, vollends die Oberhand gewonnen und dominiert den gesamten Alltag. Dann wird jede noch so kleine Tätigkeit des eigenen Partners kontrolliert. Oft liegt die Ursache dafür in schmerzvollen Erfahrungen in der Kindheit. Bei **wahnhafter Eifersucht** ist sich der Betroffene vollkommen sicher, dass ihn der andere betrügt, auch wenn es in der Realität keinerlei Anzeichen dafür gibt.

Nicht immer lassen sich die verschiedenen Abstufungen von Eifersucht so leicht unterscheiden. Doch grundsätzlich gilt: Ein gewisses Maß an Eifersucht ist normal. Es zeichnet sich unter anderem dadurch aus, dass die Beteiligten die Kontrolle behalten und sich der Frieden relativ leicht wiederherstellen lässt – zum Beispiel indem die Freundin auf der Party ihren Freund zu dem Gespräch mit dem Fremden dazuholt.

Schwieriger wird dies bei der mittleren Eifersucht. Bei krankhafter Eifersucht ist den Betroffenen die Kontrolle schon entglitten. Sie stellt eine ernsthafte Bedrohung von Beziehungen zwischen Menschen dar. Außerdem kann sie zur Bedrohung für die eigene Gesundheit und die anderer Menschen werden. Denn manchmal hat Eifersucht sogar tödliche Folgen.

Folgen von Eifersucht

Eifersucht ist alles andere als angenehm – zunächst für den Betroffenen selbst, aber auch für dessen Partner. Denn schließlich trifft sie beide.

Dabei besteht, wie schon angedeutet, die Gefahr, dass es zu einem Teufelskreis kommt, der am Ende das zerstört, was man eigentlich unbedingt bewahren will.

In Annas Fall könnte das so aussehen:

Nachdem sie Jonas stundenlang angeschrien und dabei heftig geweint hat, kommt der Moment, an dem sich Anna für ihre Eifersucht schämt. Schließlich ist es nicht das erste Mal, das sie ihrem Freund eine Szene gemacht hat, und das obwohl sich dieser allem Anschein nach tadellos benimmt. Sie glaubt auch schon gemerkt zu haben, dass er von ihren Eifersuchtsattacken zunehmen genervt ist. Da wäre es eigentlich kein Wunder, wenn er sich irgendwann eine weniger anstrengende Freundin sucht.

Du siehst, Eifersuchtsanfälle können langfristig Verlustängste verstärken, die dann wiederum die Eifersucht befeuern – ein Teufelskreis, aus dem Betroffene schwer oder gar nicht herauskommen. Geschieht dies immer wieder, kann eine Beziehung daran zerbrechen. Dann geschieht vielleicht genau das, vor dem sich der eine so sehr gefürchtet hat: Der Partner hält es nicht mehr aus und geht.

Manchmal kommt es noch schlimmer: Eifersucht gilt weltweit als Mordmotiv Nummer Eins. Ob betrogener Ehemann beziehungsweise betrogene Ehefrau, tatsächliche oder vermeintliche Untreue, wer sich von einer geliebten Person verraten fühlt und/oder Angst hat, sie zu verlieren, der greift schneller als andere zu äußerster Gewalt.

Eifersucht – was steckt dahinter?

Was macht uns eifersüchtig? Auf diese Frage gibt es manchmal eine klare Antwort, oft jedoch nicht. Denn während manche Auslöser klar erkennbar sind, existieren andere nur im Kopf der eifersüchtigen Person. Außerdem haben die persönliche Entwicklung und bisher gemachte Erfahrungen Auswirkungen darauf, wie eifersüchtig jemand ist.

Eifersucht als im Menschen angelegtes Gefühl

Viele Menschen werden es nicht gern hören, doch Eifersucht ist wohl ein Gefühl, das uns im wahrsten Sinne des Wortes „in die Wiege gelegt wurde". Psychologen gehen inzwischen davon aus, dass das unangenehme Gefühl im Lauf der Evolution wichtige Funktionen erfüllte – allerdings, so die Vermutung, unterschiedliche je nach Geschlecht:

- Bei unseren männlichen Vorfahren dominierte die Angst vor sexueller Untreue. Denn diese konnte bedeuten, dass die eigenen Kinder gar nicht die eigenen waren und man somit in die Gene eines anderen Mannes investierte.

- Frauen dagegen brauchten einen Beschützer und
  Versorger, der emotional an sie gebunden war.
  Denn nur so war dafür gesorgt, dass er weiter
  seine wichtige Rolle für die Frau und deren Kinder
  übernahm.

Daraus folgt demnach, was auch manche modernen Studien
zeigen: Männer legen vor allem Wert darauf, dass ihre Frauen keinen Sex mit anderen Männern haben. Dagegen ist es
Frauen wichtiger, dass sich ihr Partner nicht in eine andere
verliebt.

Diese Beobachtung unterstützt eine Studie an der Universität Bielefeld. Dabei wurden die männlichen und weiblichen Teilnehmer aufgefordert, sich vorzustellen, dass Ihr
Partner beziehungsweise Ihre Partnerin fremd gehe. Anschließend sollten sie fünf Fragen niederschreiben, die sie in
dieser Situation stellen würden.

Das Ergebnis:

- Männer fragen vor allem danach, ob die Partnerin
  mit dem anderen geschlafen habe oder nicht.

- Frauen dagegen stellten in erster Linie die Frage
  „Liebst Du sie" beziehungsweise „Liebst Du mich
  nicht mehr?" Letztere Frage erwähnten die
  männlichen Studienteilnehmer praktisch überhaupt

nicht.

Verallgemeinern lässt sich dieser Unterschied nicht. Zudem verändern sich auch Verhaltensmuster Eifersucht betreffend im Laufe der Zeit. Dennoch ist es mehr als wahrscheinlich, dass Eifersucht schon in unseren Genen liegt und dass sie je nach Geschlecht anders ausgeprägt ist.

Individuelle Ursachen von Eifersucht

Dass jemand, der in seinem ganzen Leben nicht oder kaum eifersüchtig war, plötzlich heftige Eifersuchtsattacken erleidet, ist höchst ungewöhnlich. In aller Regel handelt es sich dabei um ein Gefühl, das der Betroffene schon häufig durchlitten hat. Die Gründe dafür liegen oft, aber nicht immer weit zurück.

Bedrohte Stellung in der Kindheit

Bei Menschen, die immer wieder von Eifersucht betroffen sind, sind die Ursachen dafür oft in der Kindheit zu verorten. Häufig ist es die Erfahrung, dass sich die Liebe beziehungsweise Zuwendung von Mutter und Vater plötzlich auf jemand anderen richtet – oder zu richten scheint. Ein typisches Beispiel dafür ist der bereits erwähnte Fall, dass ein älteres Kind das Gefühl hat, dass sein neugeborener Bruder beziehungsweise seine neugeborene Schwester plötzlich alle Aufmerksamkeit bekommt, während es selbst nur in der Ecke steht.

Auch auf neue Partner von Mutter oder Vater sind Kinder häufig eifersüchtig. Daraus kann sich das Gefühl ableiten, dass Liebe und Aufmerksamkeit etwas sehr Brüchiges sind, das ständig bedroht ist. Manche Menschen begleitet dieses Gefühl ihr ganzes Leben lang.

Geringes Selbstwertgefühl

Auch das Gefühl, dass andere attraktiver seien als man selbst, spielt eine zentrale Rolle bei der Entstehung von Eifersucht. Wie bereits angedeutet, hat dies in vielen Fällen wenig mit der Realität zu tun. So sehen sich auch schöne und von vielen begehrte Menschen in ständiger Konkurrenz mit anderen. Vor allem an starker beziehungsweise krankhafter Eifersucht ist ein geringes Selbstwertgefühl in der Regel immer beteiligt.

Daraus entsteht die bohrende Angst, der eigene Partner könnte sich jeden Moment eine/n andere/n aussuchen beziehungsweise würde nur auf eine Chance zum Seitensprung warten. Menschen, die so denken, suchen ständig Verhaltensweisen beim eigenen Partner, die dieses Denken bestätigen. „War er heute morgen nicht abweisend?" „Sie sieht ihn doch ständig so seltsam an?" „Dieser Körperkontakt kann doch gar kein Zufall sein." Konsequenzen davon sind der Drang, den anderen zu kontrollieren, ständiges Nachfragen und -spionieren und ähnliche Verhaltensweisen.

Praktische Übung:
Glaubenssätze identifizieren

Glaubenssätze sind unsere tiefsten inneren Überzeugungen, die unser Verhalten und unser Selbstbild nachhaltig prägen. Wir betrachten sie wie physikalische Grundgesetze und bilden Kausalketten auf ihrer Grundlage. Ein positives Beispiel ist die Überzeugung „ich bin intelligent". Wer sie besitzt, wird Prüfungen als Herausforderung betrachten, weil er sich grundsätzlich in der Lage sieht, Neues lernen zu können und dies bei Bedarf zu demonstrieren. Wer dann dennoch eine schlechte Note kassiert, erleidet keine Selbstzweifel.

Unsere Glaubenssätze sind fest verankert und halten viel aus. Wer sich grundsätzlich für intelligent hält, führt ein schlechtes Prüfungsergebnis rasch darauf zurück, dass er sich vielleicht nicht diszipliniert genug vorbereitet hat oder das Thema aus Unaufmerksamkeit verfehlt hat. An seiner Überzeugung, intelligent zu sein, ändert dies nichts. So kann er der nächsten Prüfung mit erhöhter Aufmerksamkeit aber einer weiterhin positiven Grundeinstellung gegenübertreten.

Negative Glaubenssätze schaden uns so nachhaltig wie die positiven uns schützen. Wie sie allerdings lauten, wissen wir manchmal gar nicht. Mit einem Fragespiel kann man sie meist schnell identifizieren.

Im Folgenden zeige ich es am Beispiel von Anna, die sich furchtbar darüber aufregt, dass Jonas allein in den Urlaub gefahren ist. Würde sie ihre Wünsche formulieren, würde sie sagen: *„Jonas soll nicht allein in den Urlaub fahren!"*

Um ihre innersten Glaubenssätze zu identifizieren, stellt ihr ein Coach oder Therapeut in diesem Moment die Rückfrage:

„Und was passiert, wenn Jonas allein in den Urlaub fährt?"

Anna: *„Weil er dort andere Frauen kennenlernt"*

Therapeut: *„Und was passiert, wenn er andere Frauen kennenlernt?"*

Anna: *„Dann findet er vielleicht eine, die er schöner und charmanter findet als mich!"*

Therapeut: *„Und was passiert, wenn dem so ist?"*

Anna: *„Dann verlässt er mich!"*

Therapeut: *„Und was passiert, wenn er dich verlässt?"*

Anna: *„Dann finde ich nie wieder einen anderen Mann!"*

Therapeut: *„Und warum?"*

Anna: *„Weil mich einfach keiner lieben kann! Weil ich einfach nicht liebenswert bin!"*

Um per Rückfrage Deine eigenen Glaubenssätze zu identifizieren, brauchst Du nicht zum Therapeuten zu gehen. Du kannst es selbst im Geiste tun und erkennst nach einigen Schritten, wohin Dich Deine Eifersucht führt. Falls Du, wie Anna, glauben solltest, nicht liebenswert zu sein, ist das ein grundlegendes Problem.

Egal wie sich ein möglicher Partner verhält, führen negative Glaubenssätze über den Wert der eigenen Person zwangsweise zu Eifersucht und Auseinandersetzungen. Einfach deshalb, weil man im Verhalten des Gegenübers ständig unbewusst nach einer Bestätigung des eigenen Glaubens sucht. Selbst, wenn dieser negativ ist.

Dabei sind negative Glaubensätze völlig subjektiv und für Außenstehende häufig nicht nachzuvollziehen. Schön kann man sich das an Beispielen von allseits beliebten Schauspielern oder Sängern verdeutlichen. Deren Trennungen gehen häufig durch die Presse und nicht selten zeigen Alkoholexzesse oder schmerzvolle Songs, dass die verlassenen Promis empfinden, die Welt gehe gerade unter. Als Normalbürger sitzt man vor den Schlagzeilen der Illustrierten und denkt: *„Warum verlieren die bloß einen einzigen Gedanken an den/die Ex? So schön/reich/berühmt wie sie sind, könnten sie jeden anderen Menschen auf der Welt als Partner haben!"* Aber diese Wahrnehmung ist den Leidenden in diesem Moment nicht zugänglich. Sie fühlen sich in Selbstwertmangel und negativen Glaubenssätzen bestätigt, obgleich das der Mehrheit ihres Publikums völlig überflüssig erschiene.

Führt ein schwaches Selbstwertgefühl sogar in selbstzerstörerisches Verhalten oder gar einen Suizid, etikettieren die Medien dies häufig als „tragisch". Doch nicht erst diese Dimension kommt einer Tragödie gleich, sondern jeder negative Glaubenssatz, der einem Menschen seine Lebensqualität und seine Beziehungsfähigkeit nimmt.

Gefühlte Abhängigkeit vom Partner

Wenn Lisa eine ihrer Eifersuchtsattacken hat, ist sie kaum noch ansprechbar. Dann sitzt sie entweder nur noch weinend auf ihrem Bett und ist überzeugt, dass Arne sie innerlich schon verlassen hat. Oder sie schreit und tobt und wirft Geschirr durch die Wohnung. Manchmal reicht es schon, dass Arne abends später als ausgemacht anruft, wenn er auf Geschäftsreise ist. Für Lisas Freunde sind diese Momente schwierig. Sie haben das Gefühl, dass es nichts gibt, was sie sagen oder tun können, damit die Situation besser wird. Alles dreht sich dann nur um das eine Thema.

Sich ganz auf den eigenen Partner einzulassen, ist etwas Schönes. Wer es dabei allerdings übertreibt, läuft Gefahr, dass der andere Dreh- und Angelpunkt seines gesamten Lebens wird. Dann entsteht das Gefühl, dass eigene Leben sei nur noch durch und mit dem anderen lebenswert. Umso größer wird die Angst, den anderen zu verlieren und damit gleichsam die eigene Existenz. Eifersucht wird so zur Existenzangst. Das ist eine Erklärung für die heftigen Ausmaße, die manche Eifersuchtsfälle nach außen annehmen – bis hin zum Selbstmord oder Mord.

Negativerfahrungen in früheren Beziehungen

Manchmal liegt der zentrale Grund für Eifersucht in früheren Partnerschaften. Besonders dann, wenn einen der eigene Partner betrogen hat, verstärkt dies innere Annahmen wie:

- Ich bin nicht attraktiv genug, um meinen Partner dauerhaft zu halten.

- Anderen Menschen kann man einfach nicht vertrauen.

- Treue in Beziehungen gibt es nicht.

- Mein Partner bleibt mir nur dann erhalten, wenn ich richtig auf ihn aufpasse.

Wichtig ist es, in einem solchen Fall, diese negativen Denkmuster zu erkennen und sie von der neuen Partnerschaft abzukoppeln. Andernfalls werden sie manchmal zu einer ernsthaften Bedrohung derselben. Deshalb kann es nach einem Seitensprung sinnvoll sein, professionelle Hilfe zu holen, bevor die Erfahrung das weitere Leben bestimmt. Schließlich ist ein gewisses Grundvertrauen in andere eine wichtige Eigenschaft im Leben.

Tod nahestehender Personen

Wenn nahestehende Personen sterben, ist dies ebenfalls eine – endgültige – Form des Verlassenwerdens. Besonders schlimm ist es natürlich, wenn enge Freunde oder Verwandte sterben. Menschen, deren Eltern in der Kindheit gestorben sind, haben später häufig eine starke Angst, von anderen verlassen zu werden. Diese kann sich in Eifersucht in Beziehungen äußern. Ähnliches gilt, wenn Geschwister oder andere enge Bezugspersonen im Kindesalter sterben.

Wenig Nähe

Fehlen in einer Beziehung Momente der Nähe und Intimität, schafft dies einen Nährboden, auf der Eifersucht prima gedeihen kann – zum Beispiel, wenn körperliche Berührungen immer mehr ausbleiben. Auch Kleinigkeiten wie der Kuss zum Abschied am Morgen, bevor der andere ins Büro fährt, wichtig. Fehlen sie, wird es umso bedrohlicher wahrgenommen, wenn der andere abends heimkommt und begeistert von seiner neuen Kollegin erzählt. Diese Ursache von Eifersucht lässt sich relativ leicht bekämpfen beziehungsweise vermeiden. Der Schlüssel dazu besteht darin, sich immer wieder gegenseitig die Zuneigung zu versichern. Darauf werden wir später noch einmal zurückkommen.

Seitensprung in derselben Beziehung

Besonders leicht nachvollziehbar, aber auch besonders schwer zu bewältigen ist Eifersucht, wenn der eigene Partner nachweislich tatsächlich fremdgegangen ist. Auch in dieser Beziehung gibt es Menschen, die damit besser umgehen können als andere. Doch selbst solche, die Monogamie als Modell in Frage stellen, fühlen sich oft tief verletzt, wenn ihnen ihr Partner untreu wird.

Entscheiden sich beide trotzdem, die Beziehung fortzuführen, ist viel Arbeit notwendig, um wieder gegenseitiges Vertrauen aufzubauen. Denn im Grunde genommen fangen sie dann bei Null an. Ein Grund dafür, dass immer noch viele Beziehungen an Seitensprüngen zerbrechen, sogar dann wenn der Wunsch besteht, die fortzuführen.

Eifersucht – wie kann ich sie überwinden?

Nachdem wir die Ursachen, Symptome und Auswirkungen von Eifersucht beschrieben haben, stellt sich die entscheidende Frage „Was kann ich dagegen tun?". Glücklicherweise gibt es eine ganze Reihe von Antworten auf diese Frage, auch wenn es Betroffenen manchmal so scheint, als seien sie machtlos gegen ihre Eifersuchtsanfälle.

Sich über die eigenen Gedanken klarwerden

Bevor Du damit beginnst, Deine Eifersucht zu bekämpfen, ist es wichtig, sie unter die Lupe zu nehmen. Klar, Du bist eifersüchtig, doch worauf eigentlich und welche Gedanken spielen dabei eine zentrale Rolle? Bist Du eifersüchtig, weil Dir andere Frauen oder Männer attraktiver vorkommen als Du selbst? Hast Du das Gefühl, man kann Deinem Partner nicht trauen? Welche Momente sind es, in denen die Eifersucht besonders stark auftaucht? Was fehlt Dir dann vielleicht?

Die Antworten auf diese Fragen helfen Dir, etwas Ordnung in Deinen Kopf zu bringen. Denn gerade in eifersüchtigen Momenten herrscht dort oft Chaos. Und wie so viele Ängste erleben viele Menschen auch Eifersucht und die damit zusammenhängende Verlustangst oft als ein diffuses Gefühl, das manchmal scheinbar ohne ersichtlichen äußeren Anlass auftaucht, oder auch nicht.

Tipp: Manchmal ist Eifersucht ein Hinweis darauf, was einem in einer Beziehung fehlt. Dann kannst Du sie als Anlass nehmen, mit Deinem Partner zu sprechen und die Dinge gezielt zu verändern.

Katastrophengedanken abbrechen

Wenn Lisa allein ist, beschäftigt sie sich häufig stundenlang mit Gedanken daran, dass Arne sie gerade verlässt. Was wäre, wenn diese Kollegin, mit der er so häufig telefoniert, mehr ist als eine Kollegin? Wahrscheinlich treffen sich die beiden schon seit Monaten. Bestimmt sind sie gerade jetzt zusammen und planen gemeinsam, wie Arne Lisa am besten verlässt. Seine Freunde wissen es wahrscheinlich schon längst. Je mehr sie darüber nachdenkt, desto sicherer ist Lisa, dass sie die einzige in ihrer Umgebung ist, die noch nicht weiß, dass Arne sie eigentlich schon verlassen hat.

Katastrophengedanken und Was-Wäre-Wenn-Gedanken

sind ein wichtiger Bestandteil von Eifersucht. Das Tückische daran: Je mehr du dich damit beschäftigst, desto realistischer erscheinen diese Gedanken. Das gilt auch dann, wenn ihr Inhalt mit der tatsächlichen Realität wenig bis gar nichts zu tun hat.

Wenn du häufig unter Eifersucht leidest, kennst du es wahrscheinlich, wie du dich auf diese Art in Gedankenspiralen verstrickst, aus denen du nicht mehr herauskommst. Irgendwann bist du an dem Punkt angelangt, an dem du dir sicher bist, dass dein Partner gerade im Moment dabei ist, dich zu verlassen.

Praktische Übung: Gedankenstopp

Ertappst du dich dabei, in Katastrophengedanken abzugleiten, sagst du – leise zu dir selbst oder sogar laut – Stopp. Anschließend stellst du dir eine angenehme Situation mit deinem Partner vor, möglichst bildhaft. Das kann eine Umarmung sein oder ein Kuss.

Allerdings funktioniert es nicht immer, Katastrophengedanken zu stoppen und durch positive Gedanken zu ersetzen. Oft ist es die bessere Methode, eine Distanz zu ihnen einzunehmen und sie vorbeiziehen zu lassen, ohne sich näher mit ihnen zu beschäftigen oder sie zu bewerten. Dabei helfen zum Beispiel die folgenden bildhaften Vorstellungen:

Stelle dir vor, du liegst auf einer Wiese und deine Gedanken sind Wolken, die über dir am Himmel vorbeigleiten. Lass sie einfach ziehen ohne einzugreifen, also ohne sich mit ihnen zu beschäftigen.

Verbildliche deine Gedanken als einzelne Waggons eines Zuges, der an dir vorbeirauscht. Auch hier gibt es keinen Anlass, etwas zu tun. Sieh einfach zu, wie die Gedanken auftauchen und wieder verschwinden, auftauchen und wieder verschwinden...

Klingt kompliziert? Tatsächlich sind solche Taktiken leichter erlernbar, als es im ersten Moment scheint. Sehr hilfreich dabei sind Meditationsübungen. Die kannst du mithilfe von Lehrern oder Anleitungen in Buchform erlernen. Es gibt auch Apps mit geführten Meditationen, die es Dir besonders leicht machen, Schritt-für-Schritt zu lernen, Distanz zu Deinen Gedanken einzunehmen. Zentral ist in beiden Fällen regelmäßiges Üben. Zehn Minuten am Tag reichen schon aus für spürbare Erfolge.

Gemeinsam ist allen diesen Strategien das Ziel, deine Gedanken auftauchen und wieder verschwinden zu lassen. Das hat zwei Vorteile:

- Du erkennst, dass es sich nur um Gedanken handelt, die mit der Realität nichts zu tun haben müssen, und dass es aktuell keinen Grund gibt, sich intensiv mit ihnen und mit Deiner Angst zu beschäftigen.

- Indem Du Dich nicht mit Deinen Gedanken beschäftigst, verschwinden diese oft von alleine wieder. Wenn Du Dich auf Argumentationen mit Dir selbst einlässt, hat das dagegen den gegenteiligen Effekt. Dasselbe gilt, wenn Du versuchst, nicht an etwas zu denken, gemäß der Devise: „Denke die nächste Minute nicht an einen weißen Elefanten".

Das Tolle daran: Meditation und ähnliche Strategien lassen sich nicht nur auf Eifersucht, sondern auf die verschiedensten anderen Situationen anwenden, in denen Du in Grübeleien versinkst. Sie sind hilfreich, wenn Du beispielsweise Angst vor Prüfungen oder Vorträgen, dem Treffen mit Fremden oder einem Date hast. Auch bei chronischen Angsterkrankungen stellen sie tolle Methoden zur Selbsthilfe dar – wenngleich hier zusätzlich professionelle Hilfe von außen in der Regel sinnvoll ist.

Im Jetzt bleiben

Zu Meditationstechniken wie den oben angeführten, gehört die Konzentration auf den gegenwärtigen Moment. Denn Eifersucht konzentriert sich – wie viele andere Ängste - in vielen Fällen auf die Zukunft: „Was wäre, wenn er mich morgen für seine Kollegin verlässt?" „Wenn er am Wochenende mit seinen Freunden weggeht, trifft er bestimmt eine andere." „Wenn ich sie allein in den Urlaub fahren lasse, nutzen das andere Männer bestimmt aus".

Auch solche Gedanken solltest Du Dir angewöhnen vorbeiziehen zu lassen. Das geht leichter, wenn Du immer wieder auf eine Sache im Moment zurückkommst. In Meditationsübungen ist das gewöhnlich der Atem. Dasselbe klappt aber auch beim Abwasch, bei der Arbeit oder beim Sport. Sage Dir immer wieder, dass das, was Du Dir gerade vorstellst, nicht passiert ist, dass es sich dabei nur um (Zukunfts)-Fantasien handelt.

Praktische Übung: Wie die Fliege an der Wand

Diese Technik beschreibt Walter Mischel in seinem Buch „Der Marshmallow-Test". Sie dient dazu, die Impulse unseres instinktiven Gehirnteils etwas zu dämpfen, um Situationen rationaler bewerten zu können.

Wut, Ekel und Angst sind allesamt Reaktionen unseres „limbischen Systems" - des Gehirnteils, der auch heute noch die archaischen Reaktionen unserer Vorfahren auslebt. Auch die Eifersucht reiht sich hier ein, da sie von Angst, Zorn und Abscheu getragen wird. Charakteristisch für unser limbisches System ist seine schnelle Reaktion. In Sekundenbruchteilen

entscheidet es für uns, ob uns eine Situation Angst ein-
flößt oder positiv stimmt. Dabei kommt der Instinkt dem
rationalen Denken stets zuvor. Wer hat sich nicht schon
einmal aufgrund eines Geräusches oder eines visuellen
Phänomens erschrocken, um 3 Sekunden später festzu-
stellen, dass es eigentlich harmlos ist.

In unserem emotionalen Leben neigen wir zuweilen dazu,
dem limbischen System freien Lauf zu lassen. Überflutet
uns Verlustangst oder Wut auf den anderen, gehen wir un-
mittelbar zum Gegenangriff über oder steigern uns in Panik-
visionen hinein. Im Vorhergehenden wurde erläutert, wie
man Katastrophengedanken bewusst abbrechen soll, um
dem limbischen Gehirnteil seine emotionale Energie zu
entziehen. Alternativ dazu funktioniert die „Fliege-an-der-
Wand"-Strategie:

Wenn Du merkst, wie Dich Angst oder Eifersucht packen,
stell Dir vor, Du würdest aus Deinem Körper heraustreten.
Statt in Dir gefangen zu sein, überlege, wie eine Fliege, die in
diesem Moment an der Wand des Zimmers sitzt, in dem Du
Dich befindest, die Situation wahrnehmen würde. Voraus-
gesetzt natürlich, das Insekt hätte einen menschlichen Intel-
lekt. Ziel ist es, Deine Situation von außen zu beschreiben,
ohne dabei in die Gefühle hineinzugehen. Die Fliege könnte
etwa folgendes sehen:

Da sitzt eine attraktive Person am Samstagabend allein zuhause und quält sich, weil ihr Partner mit seinen Freunden

ausgegangen ist.

Versuche dabei, keine Wut oder Angst zu empfinden, sondern die Neugier eines unbeteiligten Zuschauers. Der könnte sich fragen: Warum ist die Person so aufgebracht? Warum ist sie nicht selbst mit ihren Freunden ausgegangen? Warum vertraut sie ihrem Partner nicht? Dazu hat sie doch eigentlich keinen Anlass ...

Wenn Du den Perspektivwechsel von Deinem Innern zu einem fiktiven äußeren Beobachter durchführst, kühlst Du Dein limbisches System in seiner Reaktion automatisch ab. Und wenn überwältigende Panik und Wut etwas schwinden, schaffst Du Dir Freiraum, die Situation rationaler zu bewerten. Und Deine Schlüsse zu ziehen: Vielleicht hast Du einer eigenen Verabredung abgesagt, um zuhause besser schmollen zu können, wenn Dein Partner weg ist? Vielleicht steigerst Du Dich in negative Fantasien hinein, obgleich ein neutraler Beobachter dazu keinerlei Anlass erkennen würde? Wenn Du beginnst, Dein Verhalten emotionsloser zu bewerten, gelingt es Dir auch leichter, Dich in die Perspektive Deines Partners hineinzuversetzen. Vielleicht regt er oder sie sich ja sogar verständlicherweise über Deine unbegründete Eifersucht auf?

Einen logischen Disput führen

Manchmal ist es die Logik, die hilft. Frage Dich einmal ernsthaft:

- Was spricht wirklich dafür, dass Dein Partner Dich gleich verlässt? Gibt es klar erkennbare Anzeichen dafür?

- Welche Anzeichen beziehungsweise Momente sprechen dagegen?

Doch Vorsicht. Nimm diese Methode nicht zum Anlass, in Deinem Kopf ein Streitgespräch zu beginnen. Bevor Du auf diese Art wieder in nichtendenwollende Gedankenspiralen abgleitest, hältst Du die einzelnen Argumente lieber auf einem Blatt Papier fest. Sinnvoll ist es auch, eine neutrale Person hinzuzuziehen, zum Beispiel einen guten Freund oder eine gute Freundin. Diese kann dir helfen, die einzelnen Punkte richtig zu gewichten und abzuschätzen, ob es sich dabei wirklich um realistische Argumente handelt.

Oft ist es so oder so hilfreich, sich bei Eifersuchtsattacken einfach mit einer Vertrauensperson darüber auszutauschen – die dann quasi das Blatt Papier und den Stift vereint. Denn ein Gespräch mit einer nicht betroffenen außenstehenden

Person trägt dazu bei, die Angelegenheit in einem neuen, realistischen Licht zu betrachten und übertriebene Ängste als das zu sehen, was sie sind - Gedanken

Tipp: Wichtig ist, sich als Ansprechpartner eine vertraute Person auszusuchen, die auf der einen Seite Geduld hat und auf der anderen Seite willens ist, sich mit dem Thema zu beschäftigen. Außerdem sollte es sich um eine Person handeln, der Du vertraust. Andernfalls treffen ihre Argumente bei Dir schnell auf taube Ohren.

Unabhängigkeit zelebrieren

Nichts ist hundertprozentig sicher auf dieser Welt. Das schließt die Möglichkeit, dass Dir morgen ein Stein auf den Kopf fällt, genauso ein wie die, dass Dein Partner tatsächlich fremdgeht. Wenn es soweit kommt, ist das natürlich alles andere als schön. Doch die Welt geht selten unter, wenn eine Beziehung zu Ende geht. Menschen, die unter starker Eifersucht leiden, haben jedoch genau diese Angst. Für sie ist der oder die andere der Mittelpunkt, um den sich ihr ganzes Leben dreht und wenn er weg ist, ist nichts mehr da.

Gegen dieses Gefühl hilft, sich unabhängig zu machen und sich dabei zu vergewissern, dass das eigene Leben nicht nur aus einer Beziehung besteht. Denn oftmals konzentrieren sich Betroffene automatisch so stark auf ihren Beziehungspartner, dass es immer schwerer wird, den Rest der Welt wahrzunehmen. Das bringt zusätzlich die Gefahr mit, dass sich der andere eingeengt und kontrolliert fühlt, beides Phänomene, die einer Beziehung nachhaltig schaden können.

Die folgenden Maßnahmen helfen dabei, unabhängiger zu werden:

- **Unternimm öfter einmal etwas mit guten Freunden** – ohne Deinen Partner. Ob abends ins Kino oder tagsüber ins Fitnessstudio, pflege Netzwerke außerhalb Deiner Beziehung. So hast Du nicht mehr das Gefühl, dass es nur Deinen Partner und Dich gibt. Idealerweise gestehst Du Deinem Partner dasselbe zu, auch wenn es Dir schwerfällt.

- **Mache Dich beruflich unabhängig.** Gerade wenn Du die letzten Jahre – vielleicht nach einer Geburt – zu Hause warst, während Dein Partner gearbeitet hat, macht es jetzt Sinn, selbst wieder einen Job zu suchen. Das lässt neue Netzwerke entstehen und es macht Dich finanziell unabhängig. Schließlich nährt es die Angst um den anderen, wenn man das Gefühl hat, dass im Fall des Falles mit ihm auch die eigene Lebensgrundlage verschwunden wäre.

- **Mache regelmäßig Sport.** Ob Ausdauersport oder Krafttraining, wer seinen Körper in regelmäßigen Abständen trainiert, wird selbstsicherer und unabhängiger. Dann fällt es auch leichter, mit Angst umzugehen. Idealerweise gilt auch hier: Übe den Sport Deiner Wahl ohne Deinen Partner aus, um Deine Unabhängigkeit zu stärken. Wenn Du nur bereit bist, zu zweit mit dem anderen Deine morgendlichen Joggingrunden zu absolvieren, trägt dies nicht wirklich zu mehr Unabhängigkeit bei.

- **Schenke Dir selbst Aufmerksamkeit**: Damit sich nicht immer alles um den anderen dreht, pflege Dich selbst. Das beginnt wiederum beim Körper. Verbringe einmal mit Freunden ein Wellnesswochenende, gehe öfter zur Maniküre oder zum Friseur, kaufe Dir ein schönes Kleid, wie Du es immer schon einmal haben wolltest. Mache Dir selbst Geschenke und lasse Dich beschenken. Indem Du Dich um Dich selbst kümmerst, machst Du Dich unabhängiger und erhöhst Dein Vertrauen in Deine eigene Attraktivität. Dazu gehört es, Komplimente auch von anderen Menschen als dem eigenen Partner anzunehmen. Oft sind gerade eifersüchtige Menschen darauf bedacht, sich auf keinen harmlosen Flirt mit Menschen des anderen Geschlechts einzulassen. Dabei trägt gerade ein solcher dazu bei, den eigenen Wert und die eigene Anziehungskraft besser einzuschätzen.

Oft sind es kleine Dinge, die entscheidend zu mehr Unabhängigkeit beitragen. Manchmal sind aber auch gravierende Veränderungen angesagt. Das kann bis hin zu einem Berufs- oder Ortswechsel gehen. Wenn Du bisher gemeinsam mit Deinem Partner in einem Unternehmen warst, ist es bei häufigen Eifersuchtsanfällen durchaus sinnvoll darüber nachzudenken, Dir etwas Neues zu suchen.

Das kann zwar bei Deinem Partner für Irritationen sorgen. Auf lange Sicht profitieren aber beide davon, wenn Du Dich unabhängiger und selbstbewusster fühlst. Denn dann gibt es die Möglichkeit, dem anderen mehr Freiheit zu lassen, und das tut der Liebe langfristig nur gut.

Das eigene Selbstwertgefühl steigern

Aus dem bisher Geschriebenen sollte eines bereits deutlich geworden sein: Wer von nagenden Selbstzweifeln geplagt ist, hat es schwer, nicht eifersüchtig zu sein. Deshalb spielt es eine zentrale Rolle bei der Bekämpfung von Eifersucht, das eigene Selbstwertgefühl zu steigern. Einige Dinge, die dazu beitragen, haben wir schon erwähnt, zum Beispiel:

- Sport treiben

- Negative Gedanken ignorieren

- Komplimente von anderen Menschen annehmen

- Sich selbst öfter einmal etwas Gutes tun

Orientiere Dich außerdem an folgenden Tipps, um Dein Selbstwertgefühl bewusst zu stärken:

- **Vergleiche Dich nicht mit anderen**: Wir alle stellen immer wieder Vergleiche mit anderen Personen an. Dabei ist das in den seltensten Fällen wirklich hilfreich. Ganz im Gegenteil: Oft führt es dazu, dass wir uns hinterher schlechter fühlen als vorher. Wir denken dann, wir seien weniger attraktiv, weniger schlau und weniger leistungsfähig als der Rest der Menschheit. Dieser Angewohnheit entgegentreten kannst Du, indem Du darauf achtest, wann Du Dich mit anderen vergleichst und Dich dann bewusst davon ab- und wieder Dir selbst zuwendest.

Wichtig: Das bedeutet nicht, die Leistungen anderer Menschen nicht anzuerkennen und sich nicht mit ihnen zu freuen.

- **Lerne mit Versagen umzugehen**: Dass etwas schiefläuft, lässt sich im Leben nicht vermeiden. Sogar die erfolgreichsten Menschen machen immer wieder Fehler. Gewöhne Dir an, diese weniger als Bedrohung denn als Gelegenheit, etwas zu lernen, zu sehen. Und vor allem: Führe Dir immer wieder vor Augen, dass die Welt nicht untergeht, wenn Du einen Fehler machst – nicht einmal dann, wenn Dich Dein Partner tatsächlich verlassen sollte.

- Übernimm Verantwortung: Menschen, die von Selbstzweifeln geplagt sind, scheuen sich oft davor Verantwortung zu übernehmen. Schließlich haben sie das Gefühl, dass das doch nur schiefgeht. Dabei trägt eben diese Haltung dazu bei, dass Du Dich immer unsicherer fühlst. Deshalb gilt: Übernehme Verantwortung für Dein Tun – für Deine Erfolge und Deine Fehler. Auf diese Art lernst Du Schritt-für-Schritt Dir selbst und Deinen Kompetenzen zu vertrauen.

- **Mache Dir Deine Stärken bewusst**: Jeder Mensch hat Stärken und unsichere Menschen oft mehr als ihnen bewusst ist. Was dagegen hilft, ist, Dir diese Stärken regelmäßig ins Bewusstsein zu rufen, am besten hin und wieder in schriftlicher Form. Versuche, ein Bewusstsein für Deine Erfolge zu entwickeln. Das schließt ein, Dich abends zu fragen, was an diesem Tag gut gelaufen ist. Was hast Du geschafft von Deinen Plänen? Wo bist Du vorangekommen? Wofür haben Dich andere Menschen gelobt. Du wirst erstaunt über das Resultat sein.

Bei Menschen, die grundlegende Probleme mit dem eigenen Selbstwertgefühl haben, reichen diese Maßnahmen manchmal nicht aus. Dann ist es Zeit, sich professionelle Hilfe zu holen.

Die eigenen Motive hinterfragen – und loslassen

Manche Menschen mussten weder Verlusterfahrungen in der Kindheit erleben, noch sind sie jemals von einem Partner betrogen worden. Dennoch können sie es nicht lassen, hinter dem geliebten Menschen her zu telefonieren und sich haarklein erzählen zu lassen, wie dieser seine Zeit in seiner

Abwesenheit verbracht hat. *„Wen hast du getroffen? Mit wem hast du geredet? Was war das Thema?"* – kommen Dir diese Fragen bekannt vor? Und hast Du vielleicht selbst bereits gegrübelt, WARUM Du Deinen Partner derart ins Verhör nimmst, obwohl Untreue in eurer Beziehung eigentlich nie ein Thema war?

Die Antwort liegt manchmal in einem allgemein übersteigerten Bedürfnis nach Kontrolle. Heutzutage wird uns suggeriert, dass wir unser Leben minutiös durchplanen sollen. Nach der Schule folgt die passende Ausbildung, dann die ersten Stufen der Karriereleiter, allerspätestens dann die Wahl des passenden Partners, Ehe, Haus und Kinder. Eigene Schwächen sollen per Selbstoptimierung ausgebügelt werden, körperliche Makel geglättet und das Umfeld per emotionaler Intelligenz gesteuert. Wir leben in der Illusion, unser Leben vollständig unter Kontrolle haben zu können.

Dieses Bewusstsein wirkt sich auch auf unsere Beziehungen aus. Die Medien suggerieren uns ein Bild vom perfekten Partner und der idealen Beziehung. Unbewusst vergleichen viele ihren liebsten Menschen ständig mit dem Ideal und versuchen alle seine Tätigkeiten und Äußerungen daraufhin zu kontrollieren, ob er oder sie den perfekten Vorstellungen eines Partners entspricht. Selbst in der eigenen Abwesenheit soll der Partner so handeln, wie man es von seiner Traumfrau oder seinem Traummann erwartet.

Doch diese Ansprüche beziehen sich allerdings nicht nur

auf das Verhalten deines Partners gegenüber Personen des anderen Geschlechts. Sie erstrecken sich auch auf seinen Umgang mit Geld, seinen Ernährungsgewohnheiten, seinen Alkoholkonsum, sein Zeitmanagement und seine Art, Prioritäten zu setzen. All diese Bereiche werden von Dir beobachtet und gern kritisch kommentiert … Erkennst Du Dich wieder? Dann ist die Grundlage Deiner eifersüchtigen Äußerungen der Wunsch nach Kontrolle.

In diesem Fall liegt das wirksamste Gegenmittel im verändern der eigenen Perspektive. „Leben ist das was passiert, während Du eifrig dabei bist, andere Pläne zu machen", dieses John-Lennon-Zitat drückt aus, welches Problem Menschen bekommen, die durch Kontrolle der Vorstellung vom perfekten Leben nahekommen wollen: Sie nehmen das Leben, was bereits passiert und zu dem sie nur greifen müssten, nicht wahr. Das gilt auch für die Verhaltensweisen des Partners.

Dieser besitzt wundervolle Eigenschaften und Du erlebst mit ihm schöne Momente – sonst hättest du ihn oder sie nicht gewählt. Der ständige Abgleich mit einem Idealbild kann aber dafür sorgen, dass Du mit der Zeit blind für die individuell schönen Momente eures Lebens wirst. Wie viel Spaß ihr bei eurem letzten gemeinsamen Ausflug hattet, geht unter, wenn Du ihn genervt verhörst, warum der Anruf einer Kollegin außerhalb der Arbeitszeit noch nötig war. Vielleicht kann er sich nicht gut abgrenzen oder er will zu allen Menschen – selbst weiblichen, die nicht seine Partnerin sind – ausgewählt freundlich sein, weil der seine Person darüber definiert. Mag sein, dass sich an manchen Stellen auch persönliche Schwächen offenbaren. Doch dies und andere Ereignisse stets investigativ zu untersuchen und kritisch zu kommentieren, sollte nicht Deine Aufgabe sein. Verhöre und Abwertungen nehmen euch eure Spontanität als Paar.

Selbst wenn Du Deinen Partner so manipulieren könntest, dass er oder sie sich vollständig gemäß Deinen Wünschen verhält – würdest Du das wollen? Wenn Du jetzt ja sagst, offenbarst Du, dass eine reale menschliche Beziehung Dich eigentlich nicht interessiert. Wer Liebe erleben will, will sie nicht erzwingen. Sie entzieht sich wie so viel anderes im Leben unserer Kontrolle.

Das einzige, was Du selbst kontrollieren kannst, ist Deine persönliche Betrachtungsweise und Deine Reaktion auf die Ereignisse.

Wenn Du dies erkannt hast, folgt auch die Erkenntnis, dass Du Menschen und Lebensumstände nicht nach Belieben ändern kannst, sondern Dich lediglich ihren guten Seiten öffnen musst. Ohne, sie in Deinem Kopf mit realitätsfernen Idealen wetteifern zu lassen.

Praktische Übung:

Nimm Dir für den nächsten Tag, den Du hauptsächlich mit Deinem Partner verbringst nichts Konkretes vor, sondern versuche, offen dafür zu sein, was sich spontan ergibt. Was Wetter, Ziel oder Ablauf anbelangt – verabschiede Dich von Idealvorstellungen, sondern versuche das Positive an den Dingen zu sehen, die der Zufall bringt.

Beantworte anschließend folgende Fragen:

- Was war heute besonders schön und warum hat es mich angesprochen?

- Welche Begebenheit hat mir erneut gezeigt, warum ich mit meinem Partner zusammen bin?

- Was fand ich heute besonders attraktiv an meinem

Partner?

- Wann hatte ich das Gefühl, dass mein Partner mich besonders attraktiv fand?

- In welcher Situation habe ich mich am meisten als Teil eines Paares gefühlt?

Die Antworten offenbaren Dir mehr Informationen über euer „spontanes Leben". Hier erlebst Du dir positiven Elemente eurer Beziehung ohne Perfektionsdrang und Kontrolle. Schärfe Deine Sinne dafür, dann fällt es Dir immer leichter, loszulassen und unrealistische Ideale über Bord zu werfen. Das Resultat ist ein entspannteres Miteinander mit wesentlich weniger Eifersuchtsattacken und Kritik.

Die unerfüllten Bedürfnisse erkennen

„Warum geht er am Samstag auf den Fußballplatz, anstatt mit mir auf dem Sofa zu relaxen? Warum telefoniert sie nach Feierabend noch mit ihrem Kollegen?"

– die Eifersucht gebietet dir auf diese Fragen nur eine einzige Antwort: weil dein Partner andere Menschen amüsanter, attraktiver oder interessanter findet als dich. Doch wenn du die anderen Personen einmal aus der Gleichung herausnimmst, erkennst du häufig deine unerfüllten Bedürfnisse.

Vielleicht sehnst du sich nach mehr Zeit des Nichtstuns mit deinem Partner oder du vermisst die aufregenden Abenteuer, die ihr in euren ersten Monaten gemeinsam erlebt habt. Vielleicht träumst du davon, mit ihm oder ihr eine berufliche Unternehmung zu starten oder du hättest gern ein Hobby, über das ihr euch beide leidenschaftlich austauschen könnt. Dass diese Bedürfnisse unerfüllt bleiben, schieben wir gern auf andere. Auf den Partner, der nicht von selbst darauf kommt, was man sich wünscht. Und auf die anderen Menschen in seinem Leben, mit denen er Dinge teilt, die man selbst gern mit ihm teilen würde. Oder mit denen er Zeit verbringt, die man selbst gern in Anspruch nehmen würde.

Freunde und Kollegen des Partners dann als rotes Tuch zu betrachten, beim Klingeln des Telefons schon mit den Augen zu rollen und zynisch „dazu hattest du ja keine Zeit – du musstest ja Fußball spielen" zu schnauben, ist leider häufig die einfachste Strategie, um seinen Frust abzureagieren.

Warum? – Die eigenen Träume für die Beziehung können stark verunsichern. Besonders Frauen denken viel und oft darüber nach, ob ihnen der perfekte Partner nicht ihre tiefsten Wünsche von den Augen ablesen können muss. Er sollte von selbst darauf kommen, was sie will. Wenn nicht, müsste man ihn ja konkret auf ein Bedürfnis hinweisen, sodass die Erfüllung nicht mehr denselben Wert hätte wie ein spontanes Auch-Wollen vom Partner. Oder er würde dem Gewünschten zwar entsprechen, jedoch nur widerwillig und ohne eigenen Spaß an der Sache. Also gestalten viele Frauen die Beziehung lieber nicht aktiv und erleben infolgedessen eine Mischung aus Enttäuschung, Wut und Eifersucht, wenn ihr Mann sich für den Samstagnachmittag mit seinen Kumpels verabredet.

Dass in der Fantasie der Daheimgebliebenen dann Flirts und Traumfrauen auftauchen, mit denen er sofort durchbrennt, ist fast eine natürliche Folge der negativen Gefühle. Schließlich war man selbst es nicht einmal wert, dass er quasi telepathisch erraten hätte, wie der perfekte Samstagnachmittag auszusehen hat. Eine Gabe, die er bei anderen Damen sofort an den Tag legen würde – wenn diese nur attraktiv, blond oder charmant genug wären …

Diese Schlussfolgerungen sind schlichtweg falsch und führen in einen Teufelskreis aus Eifersucht und Mangelgefühlen. Auch wenn es in der Erinnerung so scheint, dass Partner in den ersten Monaten ihrer Beziehung ohne Worte die Wünsche des anderen erraten konnten – eine langfristige Partnerschaft braucht Kommunikation, um die Wünsche beider Seiten zu koordinieren. Schließlich lädt man sich nicht mehr einmal pro Woche zum Essen, Kino oder Klettern ein, sondern man wohnt täglich zusammen und versucht ein gemeinsames System für Haushalt, Finanzen, Kinder und

Freizeit zu finden. Dabei glücklich zu bleiben, ist eine anspruchsvolle Aufgabe.

Wenn du Wünsche und Träume für die Gestaltung eurer Beziehung hast, können sie nur real werden, wenn du sie aussprichst. Und zwar offen und neugierig auf die Meinung des anderen. Niemals vorwurfsvoll und verallgemeinernd. *„Ich wollte immer einen Mann, mit dem ich am Wochenende gemeinsam kochen kann!"* oder *„Das hab ich ja sogar mit meinem Ex jeden Samstag gemacht!"* sind garantiert die falschen Aussagen, um deinen Partner zu langersehnten Unternehmungen zu bewegen. Schlage stattdessen vor, *„mal etwas Neues auszuprobieren"* oder erkläre lachend, dass du *„für irgendeins der nächsten Wochenenden einen ganz verrückten Einfall"* hattest. Wenn du deine Pläne in weniger bedeutungsschwere Formulierungen kleidest, ermutigst du deinen Partner auch zur eigenen Kreativität.

Höre zu, wenn er etwas äußert, was er gern mit dir unternehmen würde und zeige dich ebenfalls experimentierfreudig.
Wenn ihr beide eine Sprache entwickelt habt, in der ihr euch lockere Vorschläge machen könnt, unternehmt ihr automatisch mehr miteinander. Dann ist auch die Chance größer, dass ihr ein Themenfeld findet, das euch intensiv und positiv verbindet. Das muss nicht unbedingt eines der Themen sein, die du oder dein Partner sich im Vorhinein für eine ideale Be-

ziehung gewünscht hat. Besser noch ist es eure gemeinsame Neuentdeckung.

Wer seine Beziehung in dieser Art und Weise aktiv gestaltet, hat weniger Grund zu Eifersuchtsattacken. Schließlich wird durch gemeinsame Erlebnisse und die erlebte Nähe das Bedürfnis nach einer Beziehung erst erfüllt. In einer erfüllten Beziehung existiert jedoch wenig Anlass, negative Gefühle zu hegen, wenn man ab und zu getrennt ist.

Praktische Übung: Gemeinsamkeiten suchen

Schreibe 20 Dinge auf einen Zettel, die Du irgendwann mit Deinem Partner erleben oder realisieren willst. Bitte ihn oder sie, bei einem Experiment aus „einem dieser Ratgeber" mitzumachen und ebenfalls 20 Dinge aufzuschreiben. Anschließend vergleicht ihr die Resultate, ohne Kritik und Voreingenommenheit. Stimmen bereits Punkte überein? Wenn ja, sammelt sie und entscheidet euch für einen von ihnen, den ihr in der nächsten freien Zeit gemeinsam angehen wollt. Dabei ist es egal, ob die Ziele zunächst groß und unerreichbar scheinen.

Selbst wenn es sich um ein eigenes Haus oder einen Südseeurlaub handelt, kann man bereits anfangen zu träumen. Wälzt gemeinsam die Immobilienanzeigen oder Trekking-Routen in fernen Ländern, um die ersten Schritte zur Gestaltung eurer gemeinsamen Perspektiven zu machen. Falls es sich um Unternehmungen handelt, die schnell zu realisieren sind, wie eine gemeinsame Radtour – setzt einen Termin dafür fest und macht es einfach war!

40 Interessensfelder und keine Übereinstimmung? Das ist kein Armutszeugnis, sondern zeigt großes Potenzial. Bemüht eure Kreativität, um zwischen einem Thema deines Partners und einem deiner Themen eine Verbindung zu schlagen.

Lest euch die Punkte des jeweils anderen durch und entscheidet, welchen davon ihr am interessantesten und erstrebenswertesten findet. In diesem Prozess sollte sich eine Unternehmung abzeichnen, die ihr beide einmal ausprobieren wollt. Völlig gleich, ob es lediglich darum geht, gemeinsam ein Brot zu backen oder Lebensentscheidungen fallen, wie gemeinsam ein Haustier zu adoptieren.

Was können Partner gemeinsam tun?

Wenn ein Partner häufig an Eifersucht leidet, ist es einmal wichtig, dass er selbst etwas dagegen tut. Zum anderen gibt es Dinge, die beide Partner gemeinsam unternehmen können, um ihre Beziehung zu stärken und unbegründete Verlustängste zu verhindern. Und auch dann, wenn es soweit ist, dass sich die Eifersucht des einen Bahn bricht und in eine Szene mündet, gibt es Dos und Don'ts zu beachten.

Eifersucht gemeinsam vorbeugen – Tipps

Damit Eifersucht gar nicht erst aufkommt, zumindest nicht regelmäßig und in größerem Rahmen, bieten sich folgende Maßnahmen für Paare an:

- **Nähe schaffen**: Nähe ist ein zentraler Bestandteil jeder Beziehung, doch manchmal geht sie über die Zeit Schritt für Schritt verloren. Gerade dann steigt die Gefahr, dass ein Partner eifersüchtig wird. Außerdem erhöht sich die Chance, dass es tatsächlich zu einem Vertrauensbruch kommt.

71

Versuche deshalb, gemeinsam mit Deinem Partner, regelmäßig Momente der Nähe zu schaffen. Dazu gehören neben einem erfüllten Sexleben, gemeinsame Unternehmungen, ob ein Wochenendausflug, ein Urlaub oder eine regelmäßige Date Night ohne die Kinder. Macht euch hin und wieder kleine Geschenke, um eure Zuwendung zu demonstrieren.

- **Offen miteinander sprechen**: Manche Eifersuchtsausbrüche kommen für den anderen vollkommen überraschend und oft liegen die Gründe dafür in der Kommunikation miteinander. Versäumen es Beziehungspartner, offen und ehrlich über ihre Gefühle zu sprechen, verpassen sie die Gelegenheit, Missverständnisse auszuräumen – zum Beispiel dann, wenn der eine das Gefühl hat, dass der andere ständig „private" Telefonate führt. Dann bleibt es auch lange unerkannt, wenn in einem Partner der Verdacht wächst, der andere könnte fremdgehen und/oder ihn verlassen.

Deshalb ist es sinnvoll, schwierige Themen direkt anzusprechen, möglichst ohne gleich aggressiv zu werden. Dabei ist allerdings ein gesundes Maß entscheidend. Bevor Du Deinen Partner zum zehnten Mal fragst, wer gerade am Telefon war, denke lieber noch einmal darüber nach, ob Deine Sorge jetzt gerade begründet ist.

- **Positive Kommunikation pflegen:** Nicht nur das *Was* sondern auch das *Wie* ist entscheidend in der Kommunikation zwischen Partnern. Gerade wenn sich diese um Eifersuchtsthemen dreht, verfallen manche Menschen darin, sich nur noch gegenseitig Vorwürfe zu machen und sich zu verletzen. Dies jedoch verschlimmert die Sache nur. Manchmal hat es sogar zur Folge, dass sich der andere tatsächlich von einem abwendet.

- **Sich gegenseitig Freiräume geben**: Wenn Du oft eifersüchtig bist, fällt Dir das wahrscheinlich schwer – doch loszulassen ist in jeder Beziehung ein entscheidender Faktor. Dazu gehört es, zu akzeptieren, dass der andere ein unabhängiger und freier Mensch ist, der seine Freiräume braucht. Wer dies schafft, trägt dadurch auch dazu bei, dass die Gefühle füreinander immer wieder neu entflammen. Auf der anderen Seite ist ein Kontrollzwang ein gefürchteter Liebestöter. Fühlst Du dich eingeengt von Deinem Partner, bring das ruhig zur Sprache, in angemessen Worten. Geht es

Deinem Partner so, akzeptiere es und versuche, die Sache zu ändern.

Wird Eifersucht zu einem bestimmenden Faktor in einer Partnerschaft, bietet es sich an, gemeinsam Hilfe zu suchen – zum Beispiel in Form einer Paartherapie. Dabei sollten Beziehungspartner im Kopf behalten, dass die Entstehung von Eifersucht in vielen Fällen keine Einbahnstraße ist. Manchmal sind beide daran beteiligt, zum Beispiel, indem der eine gerne und häufig mit Fremden flirtet und sein Partner bei jeder Kleinigkeit Angst bekommt, verlassen zu werden.

Mit Eifersuchtsanfällen richtig umgehen

Als Jonas nach Hause kommt und Anna ihn mit einer wüsten Eifersuchtsszene empfängt, ist er zuerst vollkommen überrumpelt. Obwohl, eigentlich hatte er so etwas schon geahnt. Schließlich ist es nicht das erste Mal, dass sie ihn beschuldigt, fremdzugehen, ohne jeden Grund. Deshalb wird es ihm auch irgendwann zu viel und er wird wütend. Jetzt schreien sie beide und schließlich sagt Jonas, dass sie sich gar nicht wundern müsse, wenn er sich bei diesem ständigen Theater irgendwann eine andere suche.

So oder so ähnlich laufen viele Eifersuchtsszenen ab. Dabei erscheint Jonas' Reaktion verständlich, allerdings trägt sie wenig dazu bei, die Situation zu bessern. Doch wie geht man damit um, wenn es zu einer Auseinandersetzung um das Thema Eifersucht kommt. Wie reagiert man, wenn der Partner wutentbrannt oder weinend vor einem steht? Und wie bringt man auf der anderen Seite eigene Eifersucht zur Sprache, ohne dass die Situation ausartet?

Wenn Du derjenige bist, der eifersüchtig ist, kannst Du Dich an folgenden Tipps orientieren:

1. Äußere offen Deine Gefühle: Auch wenn es nicht immer leicht ist, beschreibe dem anderen, wie es in Dir vorgeht. So hat er eine Chance, nachzuvollziehen, was Du gerade denkst und fühlst – und nicht zuletzt erleidest. Es gibt ihm auch die Gelegenheit, ein Stück weit zu verstehen, wie und warum es überhaupt zu dieser Situation gekommen ist.

2. **Sprich in der Ich-Form**: In Streitgesprächen tendiert man schnell dazu, dem anderen Vorwürfe zu machen: *„Du kommst immer so spät nach Hause. Du kümmerst Dich überhaupt nicht darum, was ich fühle. Du rufst nie an, wenn Du auf Arbeitsreise bist ...“*

Das führt schnell dazu, dass sich der andere angegriffen und verletzt fühlt, und provoziert eine entsprechende Gegenreaktion.

Besser ist es, wenn Du aus Deiner Warte beschreibst, wie Du Dich fühlst: *„Ich fühle mich allein, wenn Du spät nach Hause kommst. Manchmal weiß ich nicht genau, ob meine Gefühle wahrgenommen werden. Wenn Du auf Arbeitsreise bist, freue ich mich total, wenn Du wirklich regelmäßig anrufst. Sonst habe ich das Gefühl, ...“*

3. **Rede von konkreten Situationen**: Du flirtest immer mit anderen Frauen. Du kümmerst Dich nie darum, wenn es mir nicht gut geht. Solche Verallgemeinerungen provozieren direkten Widerspruch (wer sagt darauf schon „Du hast Recht!") und machen es schwer, gemeinsam eine Lösung zu finden. Bemühe Dich deshalb, über konkrete Situationen zur reden, zum Beispiel den Abend, an dem Dein Freund sich auf der Party ewig mit einer fremden Frau unterhalten hat, während Du allein und gelangweilt auf der Couch im Nebenraum saßest. Auf diese Art vermeidest Du es auch, das Verhalten Deines Partners generell abzuwerten. Und Du gibst ihm die Chance, Zugeständnisse zu machen. Fehler macht ja

schließlich jeder einmal.

4. **Bleibe bei der Sache**: Wenn man einmal in
   Fahrt ist, gibt es oft kein Halten mehr. Dann geht
   es schnell nicht mehr nur um den Flirt mit der
   fremden Frau, sondern auch noch um den Moment
   letztens, als er so schlecht gelaunt war oder diese
   Sache mit seinem besten Freund, der betrunken
   die Treppe heruntergefallen ist. Auch ein solches
   Ausufern macht es schwierig bis unmöglich, einen
   für beide guten Ausgang des Gesprächs zu finden.
   Bemühe Dich deshalb, beim Thema zu bleiben, auch
   wenn es mehr Sachen gibt, die Dich an dem anderen
   stören. Alles hat seine Zeit.

Und wenn Du Jonas bist? Wie kannst Du in dieser Situation am besten mit den Vorwürfen und Argumenten Deines Partners beziehungsweise Deiner Partnerin umgehen? Wie kannst Du vor allem vermeiden, dass die Situation in einer hässlichen Szene endet?

Hilfreich dabei sind folgende Verhaltenstipps:

1. **Zuhören**: Zeige Deinem Partner, dass Du ihm aufmerksam zuhörst. Das beginnt bei einer offenen, ihm zugewandten Körperhaltung. Auch kurze Einwürfe wie ein „ok" oder „hm" und Gesten wie ein Nicken demonstrieren, dass Du bereit und willens bist, aufzunehmen, was der oder die andere zu sagen hat.

2. **Offene Fragen**: Nachfragen ist gut, aber die Art, in der es geschieht, spielt eine wichtige Rolle. Bevorzuge offene Fragen wie *„Wie ging es Dir damit?"* oder *„Was hat Dich daran gestört?"* und vermeide Formulierungen wie *„Das muss Dir doch klar gewesen sein, oder?"* oder *„Und Du hast das nicht gemerkt?"*. Auf diese Art signalisierst Du wiederum Offenheit für die Aussagen und für die

Gefühle des anderen und setzt ihn nicht unter Druck. Auch entsteht so nicht der Eindruck, Du erhebst Dich über Deinen Partner und willst, dass er sich für sein Verhalten rechtfertigt.

3. **Rückmeldungen**: Manchmal ist es besser, sich erst einmal auf das aufmerksame Zuhören zu beschränken. Im Verlauf längerer Gespräche solltest Du es aber nicht dabei belassen, sondern dem anderen auch Rückmeldungen geben. Wichtig dabei sind positive Rückmeldungen wie *„Ah, jetzt verstehe ich besser, warum es Dir mit der Situation so ging"* oder *„Das macht mir klar, warum Du wütend auf mich bist"*. Das heißt natürlich nicht, dass Du dem anderen in allem zustimmen solltest. Schließlich ist es durchaus wichtig und sinnvoll, klar zu machen, welche Punkte Du anders siehst und wo Du eine andere Meinung hast. Aber auch dabei kommt es auf das Wie an. Unterlasse möglichst Sätze wie *„Das ist totaler Blödsinn"* oder *„Das ist wirklich lächerlich"*. Gehe lieber von Dir selbst aus. So könntest Du zum Beispiel sagen *„Ich verstehe leider noch nicht, warum Du das so siehst"* oder *„Ich bin wirklich überrascht, dass Dich das so aufbringt."*

Je nachdem, wie erhitzt die Diskussion verläuft, kann es manchmal am besten sein, sich erst einmal auf eine Beruhigung zu konzentrieren. Wichtig ist in jedem Fall, dass Du die Gefühle des anderen akzeptierst. Das bedeutet nicht, dass Du sie als angemessen ansiehst. Aber im Regelfall quälen sie Deinen Partner wesentlich mehr als Dich und das solltest Du anerkennen, damit Ihr gemeinsam eine konstruktive Lösung finden könnt.

Für beide Gesprächspartner gilt außerdem:

Kontrolliere deine Mimik und Gestik

Ob Gespräche über Eifersucht eskalieren und zu Streitigkeiten ausarten, hängt zu mindestens 50 Prozent von den nonverbalen Botschaften und dem Tonfall ab. Mehr als die tatsächlich ausgesprochenen Worte trägt die Stimmfarbe und die Mimik zur Stimmung beider Gesprächspartner bei.

Unbedingt vermeiden solltest Du daher Gesten der Abfälligkeit und der Geringschätzung. Dazu gehören demonstratives Augenrollen, verächtliches Prusten, wegwerfende Handbewegungen oder dramatisch-abwehrendes Gestikulieren. Verschränkte Arme vor der Brust oder das „an-die-Stirn-fassen" aus Ungläubigkeit heizen eine aggressive Auseinandersetzung ebenfalls an. Versuche stattdessen, einen offenen, eventuell fragenden Gesichtsausdruck zu bewahren und Deine Stimme ruhig zu halten. Sämtliche Töne von Ärger,

Zynismus oder Resignation treiben die Unterhaltung in eine emotionale Spirale.

Definiert euren „inneren Kreis"

Die Beziehung eines Paares untereinander unterscheidet sich per Definition von allen anderen Beziehungen, die beide Partner mit Dritten pflegen. Dieses einzigartige Element könnte man als inneren Kreis der Partnerschaft bezeichnen. Hat einer der Partner das Gefühl, der andere würde diesen Kreis verlassen, ist Eifersucht die logische Folge. Eine sexuelle Beziehung bildet in der Regel den Inhalt dieses inneren Kreises.

Doch Sex ist bei Weitem nicht allein für das Gefühl der Einzigartigkeit, die man für seinen Partner besitzt, verantwortlich. Dieses Gefühl ist auch definiert durch die Art, wie man seinen Partner betrachtet (*„Er ist der intelligenteste Mann, den ich kenne!" – „Sie hat die schönsten Augen der Welt!"*) oder die Interessen, die man gemeinsam verfolgt. Paare, die wissen, was für den jeweils anderen die einzigartigen Elemente an der eigenen Person und am gemeinsamen Leben sind, haben weniger Probleme mit Unsicherheiten und Eifersucht.

Um dies zu erreichen, gilt es, positive Merkmale nicht als selbstverständlich hinzunehmen: Mache Deinem Partner Komplimente und nehme seine Komplimente an. Sprecht aus, was ihr aneinander liebt oder welche Kleinigkeiten euch

besonders gefreut haben. Parallel zu den gemeinsamen Interessen definiert dieses positive Spiegeln des Partners euren
inneren Kreis und beugt Eifersucht und Streitigkeiten vor.

Eifersucht ist ein reales Problem – das sich erfolgreich bekämpfen lässt

Schon für Shakespeare war Eifersucht ein zentrales Motiv. Nicht umsonst spricht man von wahnhafter Eifersucht auch als „Othello-Syndrom". Doch glücklicherweise enden die meisten Eifersuchtsfälle nicht wie bei Othello mit einem Mord.

Dennoch kann regelmäßig wiederkehrende und starke Eifersucht eine echte Qual sein und wertvolle Beziehungen extrem belasten oder sogar zerstören. Umso wichtiger ist es, frühzeitig etwas gegen sie zu unternehmen, wenn sie ein normales Maß überschreitet. Das ist zum Beispiel der Fall, wenn Du Dich ständig fragst, ob und wie Dich Dein Partner betrügt, wenn Du jedes Mal Angst vor Untreue hast, wenn er ohne Dich unterwegs ist, oder wenn Du gar versuchst, ihn bei allem, was er tut, zu kontrollieren.

Glücklicherweise gibt es eine ganze Reihe von Strategien, mit denen sich Eifersucht wirkungsvoll bekämpfen lässt. Einige davon haben wir hier aufgezählt. Wichtig ist, dass Du sie bewusst einsetzt und weißt, wann es notwendig ist, andere Menschen als zusätzliche Hilfe hinzuzuziehen. Denn manchmal ist der Hang zur Eifersucht so stark in einem Menschen verwurzelt, dass es einen Fachmann braucht, um ihn in den Griff zu bekommen. Sich das einzugestehen, ist keine Schande. Im Gegenteil, es eröffnet neue Möglichkeiten, ein glückliches Leben in der Beziehung zu anderen Menschen zu führen.

Haftungsausschluss

Dieses Buch enthält Verhaltensvorschläge und Strategien der Verfasserin und verfolgt die Intention, Lesern, die sich über Eifersucht informieren wollen, hilfreiche Informationen und Inspirationen zu vermitteln. Die enthaltenen Vorschläge passen möglicherweise nicht zu jedem Leser, und wir geben keine Garantie dafür, dass sie auch wirklich bei jedem funktionieren. Die Benutzung dieses Buchs und die Umsetzung der darin enthaltenen Strategien und Rezepte erfolgt ausdrücklich auf eigenes Risiko. Haftungsansprüche gegen die Verfasserin für Schäden materieller oder ideeller Art, die durch die Nutzung oder Nichtnutzung der Informationen bzw. durch die Nutzung fehlerhafter und/oder unvollständiger Informationen verursacht wurden, sind ausdrücklich ausgeschlossen. Das vorliegende Buch gewährt keine Garantie oder Gewähr für Aktualität, Vollständigkeit, Korrektheit, und Qualität der bereitgestellten Informationen. Druckfehler und Fehlinformationen können wir nicht vollständig ausschließen.

Impressum

Johanna Rose wird vertreten durch:

David Stange
Rheinstraße 71
28199 Bremen

Covergestaltung und -konzept: Topfkunst
Coverbild, Rückumschlag: Drobot Dean | Adobe Stock
Illustrationen Innenteil: pixabay.com

Printed in Great Britain
by Amazon